तंगी कहाँ?

जीवा रघुनाथ

चित्र अशोक राजगोपालन

Tulika

Thangi kahaan? (Hindi)
ISBN 978-81-8146-559-7

First published in India 2009
Reprinted in 2011, 2012, 2013

Originally in Tamil
Hindi by Sandhya Rao

Published by
Tulika Publishers, 24/1 Ganapathy Colony Third Street, Teynampet, Chennai 600 018, India
email tulikabooks@vsnl.com *website* www.tulikabooks.com

Printed and bound at
Rathna Offset Printers, 40 Peters Road, Royapettah, Chennai 600 014, India

तम तम तम्बी किसे ढूँढ़ रहा है ?

तम तम तंगी को ढूँढ़ रहा है।

"गुनगुन मच्छर,
तुमने तंगी को देखा क्या?"

"नहीं।"

“भिनभिन मकौड़े,
तुमने तंगी को देखा क्या?”

“नहीं।”

"झिलमिल तितली,
तुमने तंगी को देखा क्या?"

"नहीं।"

“ज़रा पलट कर तो देखो, तम्बी!
मैं यहाँ हूँ!” कहती है तंगी।

कहानी खत्म। चलो, चित्र बनाएँ।

तंगी के मकौड़े

पन्ने पर अपने अंगूठे का छाप लगाकर चित्र बनाओ।

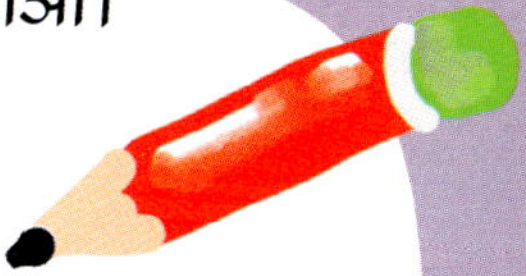

मेरी तितलियाँ

मुझे यह किताब पढ़नी आती है!